Weihnachtszeit im Winterwald

Ein Geschichtenadventskalender zum Mitmachen

Myriam Bosch

Verlag an der Ruhr

Impressum

Titel
Weihnachtszeit im Winterwald
Ein Geschichtenadventskalender zum Mitmachen

Autorin
Myriam Bosch

Titelbildmotiv
Petra Lefin

Illustrationen
Petra Lefin, Rahmenelement Schneeflocke: Verlag an der Ruhr

Druck
Vereinte Druckwerke GmbH, Neuss, DE

Verlag an der Ruhr
Mülheim an der Ruhr
www.verlagruhr.de

Geeignet für Kinder von 3–8 Jahren

© **Verlag an der Ruhr 2010,** Nachdruck 2022
ISBN 978-3-8346-0722-5

Inhaltsverzeichnis

Ein paar Worte vorab …
Zum Umgang mit diesem Kalender

Ein paar Worte vorab ...

Liebe ErzieherInnen und Eltern, Tagesmütter und LehrerInnen!

Ein literarischer Adventskalender – warum?
Tannenzweigeduft, Weihnachtsmelodien, Plätzchenbacken und Naschen, Familienspaziergänge bei eisiger Kälte … – das sind Dinge, die viele von uns mit der Vorweihnachtszeit verbinden. Viele, das sind Katholiken, Protestanten, Muslime und auch Menschen, die sich keiner Religion verbunden fühlen. Dennoch ist diese Zeit für alle Menschen, vor allem für unsere Kinder, besonders: Erinnerungen werden wach, man pflegt alte Traditionen. Und auch **Werte und Empfindungen,** wie **miteinander teilen, Freude schenken, Geborgenheit geben, verzeihen** und **einander helfen,** gewinnen besonders in dieser besinnlichen Zeit an Bedeutung.

Leider erwachen in dieser Zeit aber auch andere Dinge, die uns – und vor allem den Kindern – den Sinn und den Zauber des Festes kaputtmachen: Lebkuchen im September, Geschenkeflut, Spielzeugwerbung, Kitschlichterketten, Konsumrausch und, und, und …
Für die Kinder wird es immer schwieriger, den **kleinen, stillen Besonderheiten dieser Zeit nachzuspüren**.

Gestalten Sie darum mit diesem Adventskalender die Vorweihnachtszeit sinnvoll und **(be-)sinnlich**. Schaffen Sie mit seiner Hilfe ein **Ritual**, um Ihren (Gruppen- oder Tages-)Kindern wie auch sich selbst die wunderbaren Dinge des Advents erfahrbar zu machen.

Ich wünsche Ihren Kindern und Ihnen besondere weihnachtliche Momente.

Myriam Bosch

> Bitte achten Sie bei der Umsetzung der Rezepte auf eventuelle Allergien der Kinder und tauschen Sie Zutaten entsprechend aus.

Weihnachtszeit im Winterwald

Zum Umgang mit diesem Kalender

Dieser Kalender ist für alle gedacht, die mit Kindern leben. Dabei ist es völlig unwichtig, ob dies Ihre eigenen Kinder sind oder Sie beruflich Kinder begleiten, sei es als Erzieherin, Tagesmutter oder Lehrerin.

Schön ist es, wenn Sie **täglich eine Geschichte** lesen. Schaffen Sie eine schöne Atmosphäre dafür: Kerzenlicht, ein abgedunkelter Raum und weihnachtliche Düfte lassen die Geschichten noch schöner wirken. Und besonders aufregend ist es für die Kinder, wenn sie die perforierten Seiten der einzelnen Geschichten selbst auftrennen dürfen, sodass sie gleich sehen können, welches Tier als nächstes zum Bäumchen dazukommt …
Natürlich gibt es im Advent immer viel zu tun. **Wenn Sie es einmal nicht schaffen, eine Geschichte zu lesen** (z.B. am Wochenende), ist dies kein Problem. Die Geschichten sind zwar zusammenhängend, sie bauen aber grundsätzlich nicht aufeinander auf. **Deshalb müssen Sie nicht zwingend alle Geschichten lesen.** Beachten Sie lediglich die Nummerierungen einzelner Teile. Lesen Sie nicht „… ein zweites Eichhörnchen", bevor Sie „… ein Eichhörnchen" gelesen haben. Ansonsten können Sie kreuz und quer lesen, Geschichten weglassen, einfach so, wie es Ihr Alltag zulässt.
Zu allen Geschichten finden Sie **Gesprächsanlässe** sowie einen unaufwändigen **Gestaltungsvorschlag**. So können Sie alle Geschichten mit den Kindern reflektieren und vertiefen. Natürlich können Sie diesen Kalender auch allein mit einem Kind benutzen; verändern Sie die Anregungen dann einfach so, dass sie auch für ein Kind passen, oder beziehen Sie ein anderes Familienmitglied mit ein …

Auf den letzten Seiten des Buches finden Sie bunte **Abbildungen der Tiere** aus den Geschichten. Vielleicht gestalten Sie eine kleine Adventsecke mit dem „Kleinen Tannenbaum". Jeden Tag können die Kinder das entsprechende Tierchen ausschneiden und als **Stabpuppe** zu dem Tannenbäumchen stellen. Dies macht die Geschichte für die Kinder zum einen bildlich und erfahrbar. Zum anderen lädt es die Kinder dazu ein, Szenen und Handlungen nachzuspielen.

Weihnachtszeit im Winterwald

Weihnachtszeit im Winterwald

Eine wunderbare Geschichte
vom Helfen und Füreinander-da-Sein,

Und so fängt alles an ...

1

Zum Nachdenken, Sprechen und Erzählen ...

★ Sprechen Sie mit den Kindern darüber, mit wem sie Weihnachten feiern. Und warum ist es für sie wichtig, an Weihnachten nicht alleine zu sein?

★ Ein Weihnachtsfest ohne Gäste! – Fragen Sie die Kinder, wie das für sie wäre.

★ Was wäre wohl passiert, wenn der Igel kein Winterquartier gefunden hätte?

Zum Genießen: Ein gesundes Igelfrühstück

Das brauchen Sie:

★ einen halben Rotkohlkopf

★ ca. 500 g Gouda am Stück

★ ca. 300 g kernlose Trauben

★ 200 g Cocktailtomaten

★ einen Becher Frischkäse

★ Vollkornbrotscheiben

außerdem: Alufolie, Zahnstocher

So geht es:

Schlagen Sie den Kohlkopf in Alufolie ein. Schneiden Sie gemeinsam mit den Kindern den Käse in Würfel, und piksen Sie ihn zusammen mit den Trauben bzw. den Tomaten auf die Zahnstocher. Stecken Sie diese „Stacheln" dann in den Kohlkopf, bis ein „Igel" entstanden ist. An einem spitzen Ende lassen Sie noch etwas Platz, damit die Kinder dem Igel ein Gesicht gestalten können. Dann dürfen alle ihr Vollkornbrot mit Frischkäse bestreichen und die Igelstacheln verzehren – guten Appetit!

Auf einer Lichtung im Winterweihnachtswald
steht ein kleines Tannenbäumchen und wartet
auf Weihnachtsbesuch.
Ein Tier hat schon bei ihm Unterschlupf gefunden ...

Und jeden Tag kommt eines dazu ...

Zum Nachdenken, Sprechen und Erzählen ...

★ Sprechen Sie mit den Kindern darüber, wie sich die beiden Rehe gefühlt haben müssen, als die Jäger sie gejagt haben?

★ Und was haben sie empfunden, als sie bei dem Bäumchen unterschlüpfen konnten?

★ Fragen Sie die Kinder, ob sie auch eine Person oder einen Ort haben, bei der oder an dem sie „unterschlüpfen" können.
Vielleicht auch im Kindergarten?

Zum Spielen und Raten: Rehchen verstecken

Die Kinder bilden einen Kreis. In der Mitte liegt eine große Decke. Ein Kind wartet vor der Tür. Es darf später den Jäger spielen, der das Rehchen sucht. Nun darf sich ein Kind aus dem Kreis unter der Decke verstecken. Es ist das Rehchen. Ein anderes Kind aus dem Kreis darf den kleinen Tannenbaum spielen; dieser stellt sich neben dem versteckten Rehchen auf. Bitten Sie dann den „Jäger" wieder herein. Er soll nun herausfinden, wer das Rehchen ist. Die anderen Kinder dürfen ihm Hinweise dazu geben, aber nicht den Namen des Kindes nennen. Das Tannenbaumkind darf auswählen, wer jeweils einen Tipp geben darf. Das Kind, das den entscheidenden Tipp zur Rätsellösung gibt, darf danach Jäger sein.

Auf einer Lichtung im Winterweihnachtswald
steht ein kleines Tannenbäumchen und wartet
auf Weihnachtsbesuch.
Ein paar Tiere haben schon bei ihm Unterschlupf
gefunden ...

Und jeden Tag kommt eines dazu ...

3

Zum Nachdenken, Sprechen und Erzählen ...

★ Sprechen Sie mit den Kindern darüber, warum das Eichhörnchen so missmutig gestimmt war? Können die Kinder seine schlechte Laune nachempfinden?

★ Fragen Sie die Kinder, was sie alles machen, wenn es geschneit hat?

★ Sprechen Sie mit den Kindern darüber, wer sich alles über Schnee freuen könnte und wer sich weniger freut. Fragen Sie sie auch, warum das so ist?

Zum Gestalten: Rollen-Eichhörnchen

Das brauchen Sie:

★ eine Klopapierrolle

★ braune Wasser- bzw. Fingerfarbe

★ schwarze Haare von einem Besen

★ braune Märchenwolle

★ evtl. Wackelaugen

★ Pinsel

★ Bastelkleber

So geht es:

Die Kinder malen jeweils eine Klopapierrolle braun an. Diese muss dann gut trocknen. An ein Ende der Rolle kleben sie von innen zwei kleine Besenhaarbüschel als Pinselöhrchen an. Am anderen Ende erhält die Rolle dann einen Schwanz aus brauner Märchenwolle. Nun malen die Kinder noch ein Gesichtchen auf (evtl. kleben sie auch Wackelaugen auf), und schon ist das Eichhörnchen fertig!

Weihnachtszeit im Winterwald

Auf einer Lichtung im Winterweihnachtswald
steht ein kleines Tannenbäumchen und wartet
auf Weihnachtsbesuch.
Ein paar Tiere haben schon bei ihm Unterschlupf
gefunden ...

Und jeden Tag kommt eines dazu ...

4

Zum Nachdenken, Sprechen und Erzählen ...

★ Fragen Sie die Kinder, warum der Fuchs kein Zuhause mehr hat. Kennen die Kinder auch Baustellen, die das Zuhause von Tieren kaputt gemacht haben?

★ Überlegen Sie dann gemeinsam, was man dagegen tun könnte.

★ Der Fuchs muss dem Bäumchen etwas versprechen. Wissen die Kinder noch, was? Fragen Sie die Kinder, ob sie glauben, dass der Fuchs sein Versprechen, den anderen Tieren nichts zu tun, halten kann.

Zum Spielen: Der schlaue Schnüffelfuchs

Das brauchen Sie:

Einige nach Weihnachten duftende Dinge, die jeweils in einem Filmdöschen versteckt sind, wie z.B.:

★ getrocknete Orangenscheiben

★ Zimt

★ Nelken

★ Vanillestangen

★ Tannenreisig

außerdem: Strohsterne

So geht es:

Die Kinder sitzen im Kreis. Wer wird der schlaue Schnüffelfuchs? Lassen Sie jedes Kind, das mitmachen möchte, an einem Döschen schnuppern. Das Kind flüstert Ihnen die Lösung zu. Für jede richtige Antwort bekommen die Kinder einen Strohstern. Wer die meisten Strohsterne hat, ist der Schnüffelfuchs!

Auf einer Lichtung im Winterweihnachtswald
steht ein kleines Tannenbäumchen und wartet
auf Weihnachtsbesuch.
Ein paar Tiere haben schon bei ihm Unterschlupf
gefunden ...

Und jeden Tag kommt eines dazu ...

5

Zum Nachdenken, Sprechen und Erzählen ...

★ Fragen Sie die Kinder, ob sie noch wissen, warum das Wildschwein die Gäste auf die Lichtung einlädt.

★ Sprechen Sie mit den Kindern über Menschen, die ihr Zuhause auch nicht mehr verlassen können. Wie fühlen sie sich wohl?

★ Überlegen Sie gemeinsam, wie man diesen Menschen eine Freude bereiten kann.

Anderen eine Freude machen: Ein Besuch im Seniorenheim

Diese Aktion bedarf etwas Vorbereitung und einer sorgfältigen Abklärung der Besuchsmodalitäten mit der Wohneinrichtung. Die Kinder erfahren hier etwas über ältere Menschen und deren Lebenssituationen. Die Freude, die Senioren beim Besuch von Kindern empfinden, gibt den Kindern Selbstbewusstsein.

Das sollten Sie vorbereiten:

★ Überlegen Sie sich mit den Kindern ein „Programm" für den Besuch. Sie können beispielsweise Adventslieder singen oder gemeinsam mit den Senioren den Christbaum schmücken etc.

★ Organisieren Sie Personen, die Sie auf Ihrem Besuch im Seniorenheim begleiten.

★ Informieren Sie die Eltern der Kinder über Ihr Vorhaben.

Auf einer Lichtung im Winterweihnachtswald
steht ein kleines Tannenbäumchen und wartet
auf Weihnachtsbesuch.
Ein paar Tiere haben schon bei ihm Unterschlupf
gefunden ...

Und jeden Tag kommt eines dazu ...

7

Zum Nachdenken, Sprechen und Erzählen ...

★ Der Hase ist richtig wütend. Fragen Sie die Kinder, ob sie noch wissen, warum. Sprechen Sie auch darüber, ob die Kinder schon einmal in einer ähnlichen Situation wie der Hase waren. Hat jemand sie auch schon einmal beim Spielen gestört?

★ Sprechen Sie mit den Kindern über ihre Lieblingsspiele und Lieblings-spielplätze. Was brauchen sie, um gut spielen zu können?

Zum Bewegen: Kleine Hasenturnstunde

Überlegen Sie sich gemeinsam mit den Kindern verschiedene Möglichkeiten, bei denen sie das Hüpfen ausprobieren und üben können, zum Beispiel:

★ Verteilen Sie mehrere Holzreifen auf dem Boden, in die die Kinder hüpfen können. Schaffen die Kinder es auch, von einem zum anderen Reifen zu hüpfen?

★ Stellen Sie Sprungkästen auf, auf die die Kinder klettern können. Von dort aus springen sie dann auf eine Weichbodenmatte.

★ Lassen Sie die Kinder auf einem Trampolin springen.

★ Stellen Sie Langbänke auf, über die die Kinder springen können.

★ Legen Sie alte Matratzen auf, auf denen die Kinder herumspringen können.

★ Verteilen Sie kleine Hindernisse, über die die Kinder springen.

Weihnachtszeit im Winterwald

Auf einer Lichtung im Winterweihnachtswald
steht ein kleines Tannenbäumchen und wartet
auf Weihnachtsbesuch.
Ein paar Tiere haben schon bei ihm Unterschlupf
gefunden ...

Und jeden Tag kommt eines dazu ...

8

Zum Nachdenken, Sprechen und Erzählen ...

★ Fragen Sie die Kinder, warum der Frischling weint.
Sprechen Sie dann darüber, ob die Kinder auch schon einmal
traurig waren, als ihre Mama nicht da war. Vielleicht erinnern
sich die Kinder daran, wie es war, als sie neu im Kindergarten waren
und alleine dort bleiben sollten.

★ Wissen die Kinder noch, was ihnen geholfen hat, wenn sie ihre Mama
einmal vermisst haben? Oder haben sie eine Idee, was sie tun könnten,
wenn sie ihre Mama einmal vermissen sollten?

Zum Raten: Welcher Gast ist eingeladen?

Die Kinder sitzen im Kreis. Ein Kind darf das Wildschwein sein und Gäste
einladen. Es sucht sich in Gedanken ein Kind aus und beschreibt es, indem
es z.B. sagt: „Mein Gast ist ein Junge, er ist drei Jahre alt und spielt gerne mit
Legos. Sein Freund ist …" Die anderen Kinder versuchen, zu erraten, wer der
Gast ist. Ist der Gast erraten, darf er sich neben das Wildschweinkind setzen
und in der nächsten Runde das neue Wildschwein sein.

Weihnachtszeit im Winterwald

Auf einer Lichtung im Winterweihnachtswald
steht ein kleines Tannenbäumchen und wartet
auf Weihnachtsbesuch.
Ein paar Tiere haben schon bei ihm Unterschlupf
gefunden ...

Und jeden Tag kommt eines dazu ...

Zum Nachdenken, Sprechen und Erzählen …

★ Fragen Sie die Kinder, warum das Eichhörnchen eine Bleibe
für den Winter sucht? Was würde passieren, wenn es keine findet?

★ Fragen Sie die Kinder, wie die Menschen ihre Häuser warmhalten.
Woher kommt die Wärme der Heizung? Woher kommt unser Holz?

Zum Fühlen und Erraten: Vorratsschachtel

Das brauchen Sie:

★ einen Schuhkarton mit einer handgroßen Öffnung

★ unterschiedliche Naturmaterialien, z.B. Nüsse, Zapfen …

Füllen Sie die Naturmaterialien in den Schuhkarton, und verschließen
Sie ihn. Die Naturmaterialien im Karton sind die Vorräte des Eichhörnchens.
Die Kinder dürfen dann durch die Öffnung des Schuhkartons hineinfassen
und jeweils einen Vorrat erraten.

Auf einer Lichtung im Winterweihnachtswald
steht ein kleines Tannenbäumchen und wartet
auf Weihnachtsbesuch.
Ein paar Tiere haben schon bei ihm Unterschlupf
gefunden ...

Und jeden Tag kommt eines dazu ...

10

Zum Nachdenken, Sprechen und Erzählen ...

★ Der kleine Hase hat noch eine kleine Schwester. Sprechen Sie
  mit den Kindern darüber, wer alles zu ihrer Familie gehört.

★ Bestimmt haben einige Kinder Geschwister. Fragen Sie die Kinder,
  was ihnen daran gefällt, einen Bruder oder eine Schwester zu haben.
  Sprechen Sie auch darüber, was gut daran ist, wenn man ein
  Einzelkind ist.

★ Was finden die Kinder nicht gut daran, Geschwister zu haben oder
  ein Einzelkind zu sein?

Zum Singen und Bewegen:
Ein Hüpfehase hoppelt durch das Gras

Die Kinder bilden einen Kreis. Ein Kind ist der Hüpfehase. Er bewegt sich
zu folgendem Spiellied mit erdachter Melodie im Raum umher:

Ein Hüpfehase hoppelt durch das Gras, wackelt mit dem Schwänzchen,
und das macht viel Spaß, hoppelt rundherum im Kreis zu unsrem Lied,
bleibt dann vor dir stehn und bittet: Komm doch mit!

Nach und nach wird jedes Kind zum Hasen, bis schließlich alle Kinder
in der Mitte umherhoppeln.

Auf einer Lichtung im Winterweihnachtswald
steht ein kleines Tannenbäumchen und wartet
auf Weihnachtsbesuch.
Ein paar Tiere haben schon bei ihm Unterschlupf
gefunden ...

Und jeden Tag kommt eines dazu ...

11

Zum Nachdenken, Sprechen und Erzählen ...

★ Die Krähen spielen Schnabelball. Lassen Sie die Kinder beschreiben, wie und womit sie es spielen.

★ Fragen Sie die Kinder, ob die Krähen gemerkt haben, dass sie mit einem kleinen Igel Schnabelball spielen.

★ Sprechen Sie gemeinsam über das Stachelfell der Igel. Was erreicht der Igel, indem er sich einrollt?

Zum Bewegen: Igelfangen

Dieses kleine Bewegungsspiel ist für draußen oder die Turnhalle vorgesehen. Zwei Kinder dürfen Krähen sein. Sie sind die Fänger. Die anderen Kinder sind Igel und bewegen sich im Raum umher. Werden sie von einem Fänger berührt, müssen sie zu einer Igelkugel erstarren und sind nicht mehr frei. Berührt sie dann aber ein noch freies Igelkind, werden sie auch wieder frei und können wieder weiterlaufen. Sind nach ca. 5 Minuten nicht alle Igelkinder erstarrt, sind die Igel die Sieger. Die Krähen siegen, wenn alle Kinder erstarrt sind.

Auf einer Lichtung im Winterweihnachtswald
steht ein kleines Tannenbäumchen und wartet
auf Weihnachtsbesuch.
Ein paar Tiere haben schon bei ihm Unterschlupf
gefunden ...

Und jeden Tag kommt eines dazu ...

12

Zum Nachdenken, Sprechen und Erzählen ...

★ Singen Sie gemeinsam mit den Kindern das Lied:
„Wir feiern heut ein Fest".

★ Das Wildschwein hat sich schon weihnachtlich dekoriert.
Fragen Sie die Kinder, welche Dinge sie kennen, um weihnachtlich
zu dekorieren. Was kann man denn alles dekorieren?

Zum Gestalten: Weihnachtsgirlande

Das brauchen Sie:

★ Sternchenfolie (rot, grün, gold), in Streifen geschnitten (10 x 15 cm)

★ Kleber

So geht es:

Kleben Sie aus einem Streifen Sternchenfolie einen Ring als Anfang der
Girlande. Nun dürfen die Kinder wieder einen Streifen hindurchschieben
und diesen wiederum zu einem Ring verkleben. Jedes Kind kann so viele
Ringe anfädeln, wie es möchte. So entsteht eine lange Weihnachtsgirlande,
mit der die Kinder den Raum und vielleicht auch die Weihnachtstafel
schmücken können.

Weihnachtszeit im Winterwald

Auf einer Lichtung im Winterweihnachtswald
steht ein kleines Tannenbäumchen und wartet
auf Weihnachtsbesuch.
Ein paar Tiere haben schon bei ihm Unterschlupf
gefunden ...

Und jeden Tag kommt eines dazu ...

Zum Nachdenken, Sprechen und Erzählen ...

★ An was hat das Eichhörnchen wohl gedacht, als es sagte,
  es hat auch vor kurzem Hilfe bekommen?

★ Fragen Sie die Kinder, wo sie besonders gerne schlafen.

★ Was ist an ihrem Lieblingsschlafplatz besonders schön?

Zum Ausprobieren und Staunen: Wärme teilen

Die Kinder suchen sich jeweils einen Partner. Eine Hand legen sie in die
Hand des Partners, ihre andere Hand bleibt frei. Nach etwa eineinhalb
Minuten sprechen Sie gemeinsam darüber, was die Kinder bei diesem
kleinen Experiment feststellen konnten: Fragen Sie sie, wie sich ihre Hände
nun anfühlen. Bemerken die Kinder einen Unterschied zwischen ihrer freien
und ihrer festgehaltenen Hand? Diesen kleinen Versuch können sie nach
Belieben wiederholen.

Auf einer Lichtung im Winterweihnachtswald
steht ein kleines Tannenbäumchen und wartet
auf Weihnachtsbesuch.
Ein paar Tiere haben schon bei ihm Unterschlupf
gefunden ...

Und jeden Tag kommt eines dazu ...

14

Zum Nachdenken, Sprechen und Erzählen ...

★ Das Bäumchen fühlt sich in dieser Nacht sehr einsam.
Fragen Sie die Kinder, ob sie noch wissen, warum.

★ Sprechen Sie gemeinsam darüber, ob sich die Kinder auch schon
einmal einsam gefühlt haben. Was hat ihnen dann geholfen?

★ Die Eule hat dem Bäumchen gezeigt, welche Freunde nachts
für es da sind. Wissen die Kinder noch, welche Freunde das sind?
Fragen Sie die Kinder, ob sie vielleicht auch einen Freund haben,
der nachts bei ihnen ist.

Zum Gestalten: Sternenlichter

Das brauchen Sie:

★ ein großes Glas bzw. ein Windlicht o.Ä.

★ Transparentpapier in verschiedenen Farben

★ einen Stern-Motivstanzer

★ Kleister

★ eine Kerze

So geht es:

Jedes Kind darf während des Vormittages Sterne aus dem Transparentpapier
ausstanzen. Kleistern Sie dann später während eines Sitzkreises das Glas
ein. Die Kinder dürfen nun ihre ausgestanzten Sterne auf das Glas kleben.
Dabei dürfen sich die Sterne auch überlappen. Zum Schluss stellen Sie
noch eine große Kerze in das Glas. Dieses Sternenlicht verströmt warmes,
gemütliches Licht und kann ein schöner Begleiter in der Adventszeit sein.

Auf einer Lichtung im Winterweihnachtswald
steht ein kleines Tannenbäumchen und wartet
auf Weihnachtsbesuch.
Ein paar Tiere haben schon bei ihm Unterschlupf
gefunden ...

Und einmal kommt sogar ...

15

Zum Nachdenken, Sprechen und Erzählen ...

★ Fragen Sie die Kinder, was sie sich zu Weihnachten wünschen.

★ Kennen die Kinder auch Geschenke, die unsichtbar sind, aber trotzdem Freude machen? Vielleicht mögen sie davon erzählen.

Zum Backen: Hefe-Weihnachtsmänner

Das brauchen Sie:

★ 500 ml Milch

★ 150 – 200 g Butter

★ 1000 g Mehl

★ 160 g Zucker

★ 2 TL Salz

★ 2 Eier

★ 2 Päckchen Trockenhefe

★ 1 Eigelb zum Bestreichen

außerdem: ein Backblech mit Backpapier

So geht es:

Kneten Sie aus allen Zutaten einen Hefeteig, und lassen Sie diesen an einem warmen Ort solange gehen, bis sich sein Volumen verdoppelt hat. Gemeinsam mit den Kindern formen Sie dann zwei Hefemänner aus der Teigmasse. Legen Sie diese auf das Backblech. Die Kinder bepinseln die beiden Hefe-Weihnachtsmänner mit Ei. Dann müssen diese nochmals gehen, bevor Sie sie zum Schluss bei 200 °C auf mittlerer Schiene ca. 25 Minuten backen.

Auf einer Lichtung im Winterweihnachtswald
steht ein kleines Tannenbäumchen und wartet
auf Weihnachtsbesuch.
Ein paar Tiere haben schon bei ihm Unterschlupf
gefunden ...

Und jeden Tag kommt eines dazu ...

Zum Nachdenken, Sprechen und Erzählen …

★ Bello hat sich über seine Familie geärgert. Fragen Sie die Kinder, ob sie noch wissen, warum.

★ Sprechen Sie mit den Kindern darüber, ob sie auch schon einmal Streit hatten und warum. Können die Kinder auch beschreiben, wie sich der Streit angefühlt hat?

★ Nach dem Streit kommt die Versöhnung. Fragen Sie die Kinder, ob sie sich auch schon einmal versöhnt haben. Wie haben sie das gemacht? Fragen Sie sie auch, wie Entschuldigen bzw. Verzeihen eigentlich genau geht.

Zum Rollenspielen: Streitpuppen

Das brauchen Sie:

★ zwei Chiffontücher

So geht es:

Knoten Sie aus den Tüchern zwei Knotenpuppen. Spielen Sie mit ihnen Konflikte nach, die den Kindern aus ihrem eigenen Alltag bekannt vorkommen. Das macht dieses Spiel interessanter und wahrhaftiger. Die Lösung der Streitsituationen lassen Sie offen. Fragen Sie stattdessen die Kinder, was man tun könnte, um den Konflikt zu lösen und sich zu versöhnen. Spielen Sie dann die Vorschläge der Kinder nach.

Auf einer Lichtung im Winterweihnachtswald'
steht ein kleines Tannenbäumchen und wartet
auf Weihnachtsbesuch.
Ein paar Tiere haben schon bei ihm Unterschlupf
gefunden ...

Und jeden Tag kommt eines dazu ...

17

Zum Nachdenken, Sprechen und Erzählen ...

★ Fragen Sie die Kinder, ob sie auch schon einmal nicht zu einer Feier eingeladen waren. Wie haben sie sich da gefühlt? Vielleicht möchten die Kinder auch erzählen, was sie da getan haben.

★ Fragen Sie die Kinder dann, ob sie auch schon einmal nicht genau wussten, was sie einem anderen Kind schenken sollten. Überlegen Sie gemeinsam, was man tun kann, um eine gute Geschenkidee für eine Person zu bekommen.

Zum Singen: Gemütlicher Sitzkreis-Chor

Schaffen Sie eine weihnachtliche Atmosphäre, indem Sie z.B. das Zimmer abdunkeln, Lichterketten anknipsen, die Sitzkreismitte weihnachtlich gestalten etc. Singen Sie dann gemeinsam mit den Kindern (traditionelle) Weihnachtslieder, wie es die Vögel in der Geschichte vorhaben.

Weihnachtszeit im Winterwald

Auf einer Lichtung im Winterweihnachtswald
steht ein kleines Tannenbäumchen und wartet
auf Weihnachtsbesuch.
Ein paar Tiere haben schon bei ihm Unterschlupf
gefunden ...

Und jeden Tag kommt eines dazu ...

18

Zum Nachdenken, Sprechen und Erzählen ...

★ Die Elster hat etwas falsch gemacht. Wissen die Kinder noch, was?

★ Fragen Sie die Kinder, warum man nicht stehlen darf.

★ Sprechen Sie mit den Kindern über Dinge, die ihnen am Herzen liegen. Was ist für sie wertvoll? Bei welcher Sache wären sie traurig, wenn sie sie verlieren würden?

★ Fragen Sie die Kinder, was man tun könnte, wenn einem etwas gefällt, das aber einem anderen Kind gehört.

Zum Gestalten: Eine Schatz-Kette knüpfen

Das brauchen Sie:

★ eine lange Schnur

★ ein paar mitgebrachte „Schätze"

So geht es:

Bitten Sie die Kinder, etwas, das für sie selbst wertvoll ist, mitzubringen, z.B. Fotos, Murmeln, einen Stein, ein Kuscheltier etc. Knüpfen Sie diese Dinge in einer gemeinschaftlichen Aktion mithilfe einer Schnur zusammen, sodass eine Schatz-Kette entsteht, die für alle wertvoll ist. Diese Schatz-Kette können Sie beispielsweise auch zur Dekoration des Gruppenzimmers, des Hausflures oder des Christbaumes benutzen. Sie bietet sicher allerlei Gesprächsstoff für die Kinder.

Auf einer Lichtung im Winterweihnachtswald
steht ein kleines Tannenbäumchen und wartet
auf Weihnachtsbesuch.
Ein paar Tiere haben schon bei ihm Unterschlupf
gefunden ...

Und jeden Tag kommt eines dazu ...

19

Zum Nachdenken, Sprechen und Erzählen ...

★ Fragen Sie die Kinder, was das Wort „Hilfe" alles sein kann.

★ Kennen die Kinder Menschen, die besonders viel helfen
(Feuerwehr, Rettungssanitäter …)?

★ Haben die Kinder selbst auch schon einmal Hilfe gebraucht?

Zum Musizieren: Vertonte Geschichte

Rufen Sie sich zusammen mit den Kindern alle Dinge in Erinnerung,
die in der Geschichte vorkommen und die sich (klanglich) darstellen lassen:
Tannenbaum, Maus, Wind, Regen, Mausehöhle etc. Überlegen Sie
gemeinsam mit den Kindern für jedes Objekt ein passendes Geräusch,
z.B. *Schschsch* für den Wind, mit den Fingern auf den Boden trommeln
für den Regen etc. Erzählen Sie im Anschluss gemeinsam die Geschichte
nach und „vertonen" Sie sie.

Auf einer Lichtung im Winterweihnachtswald
steht ein kleines Tannenbäumchen und wartet
auf Weihnachtsbesuch.
Ein paar Tiere haben schon bei ihm Unterschlupf
gefunden ...

Und jeden Tag kommt eines dazu ...

20

Zum Nachdenken, Sprechen und Erzählen ...

★ Der Maulwurf erzählt, was er das Jahr über alles im Wald hören kann.
   Fragen Sie nun die Kinder, was sie in ihrem Alltag alles hören.

★ Sprechen Sie auch darüber, welche Geräusche sie besonders mögen
   und welche nicht. Jedes Kind darf sein Lieblingsgeräusch nennen.

Zum Ausdenken: Geschichtenerzähler

„Verwandeln" Sie die Kinder in Maulwürfe. Sie alle sind nun Geschichten-
erzähler. Beginnen Sie, indem Sie einen beliebigen Satz, z.B. „Antje und
Erdem saßen neulich gemeinsam am Esstisch" formulieren.
(Gut ist es natürlich, wenn dieser Satz im Zusammenhang mit dem Gruppen-
geschehen steht.) Nun fährt ein Kind mit der Geschichte in beliebiger
Weise fort.

Auf einer Lichtung im Winterweihnachtswald
steht ein kleines Tannenbäumchen und wartet
auf Weihnachtsbesuch.
Ein paar Tiere haben schon bei ihm Unterschlupf
gefunden ...

Und jeden Tag kommt eines dazu ...

21

Zum Nachdenken, Sprechen und Erzählen ...

★ Der kleine Spatz ist sehr beeindruckt von dem großen Bären.
Fragen Sie die Kinder, ob sie sich denken können, warum.
Fragen Sie sie dann, ob sie auch jemanden kennen, von dem sie
beeindruckt sind oder vor dem sie sich sogar ein bisschen fürchten.

★ Lassen Sie die Kinder einmal mutmaßen: Könnte so jemand auch
ihr Freund werden?

★ Freunde teilen gerne miteinander, und so teilt der Spatz seinen Honig
auch gerne mit dem Bären. Fragen Sie die Kinder, was sie besonders
gerne oder ungerne mit jemand anderem teilen.

Zum Teilen: Kleiner Honigbrote-Engpass

Schmieren Sie für ein gemeinsames Frühstück absichtlich nur halb so viele
Honigbrote, wie Kinder da sind. Verteilen Sie die Brote, wenn alle gemeinsam
am Tisch sitzen. Ein Teil der Kinder geht leer aus. Überlegen Sie gemeinsam
mit den Kindern, wie sie dieses Problem lösen könnten. Bestimmt kommen
die Kinder schnell auf die Idee, dass sie den anderen Kindern jeweils die
Hälfte eines Brotes abgeben könnten. Und das dürfen sie dann sogleich
auch tun …

Auf einer Lichtung im Winterweihnachtswald
steht ein kleines Tannenbäumchen und wartet
auf Weihnachtsbesuch.
Ein paar Tiere haben schon bei ihm Unterschlupf
gefunden ...

Und jeden Tag kommt eines dazu ...

22

Zum Nachdenken, Sprechen und Erzählen ...

★ Fragen Sie die Kinder, ob sie noch wissen, warum die Katze
  von ihrer Familie davongelaufen ist. Können die Kinder die Katze
  ein wenig verstehen?

★ Sprechen Sie mit den Kindern auch über das Ende der Geschichte:
  Warum kommt die kleine Carla in den Wald? Wie fühlt sich die
  kleine Katze da?

★ Ermuntern Sie die Kinder, die Geschichte gedanklich ein wenig
  weiterzudenken: Fragen Sie sie, wie wohl der nächste Tierarztbesuch
  der Katze aussehen wird.

Zum Bewegen: Katzengymnastik

Diese unaufwändige Anregung wird den Vormittag auflockern und
in Bewegung bringen:

So geht es:

Verwandeln Sie die Kinder in Katzen. Fordern Sie sie auf, sich eine Weile
wie Katzen zu bewegen. Dabei beobachten Sie genau, was den Kindern
einfällt. Dann finden sich die Kinder im Kreis zusammen. Bitten Sie ein
Kind in die Mitte, und lassen Sie es seine Bewegung vormachen.
Die anderen ahmen diese nach. Sollte es den Kindern an Ideen mangeln,
können Sie folgende Impulse geben: im Kreis schleichen, sich putzen, einen
Katzenbuckel machen, springen, rollen, Krallen wetzen, Milch schlabbern …

Auf einer Lichtung im Winterweihnachtswald
steht ein kleines Tannenbäumchen und wartet
auf Weihnachtsbesuch.
Ein paar Tiere haben schon bei ihm Unterschlupf
gefunden ...

Und jeden Tag kommt eines dazu ...

23

Zum Nachdenken, Sprechen und Erzählen ...

★ Das Schäfchen ist verletzt und hat deswegen seine Herde verloren. Sprechen Sie mit den Kindern darüber, warum dem Schäfchen das Alleinsein so schwerfällt.

★ Waren die Kinder auch schon einmal verletzt und brauchten Hilfe? Vielleicht möchten sie erzählen, wer da für sie da war.

★ Fragen Sie die Kinder, ob sie auch schon einmal eine Schafherde entdeckt haben. Wie stellen sich die Kinder das Leben in einer Schafherde vor?

Zum Gestalten: Watte-Schäfchen

Das brauchen Sie:

★ Watte

★ weißen Karton

★ Bleistifte

★ Scheren

★ evtl. grünen Karton

So geht es:

Jedes Kind darf ein Schaf auf den Karton aufzeichnen. Mit einer Schere schneiden die Kinder ihr Schaf aus. Dann nehmen sie etwas Watte und kleben diese als Schaffell auf ihr Kartonschäfchen. Wenn die Kinder mögen, können sie ihre Schafe auf einem grünen Stück Karton arrangieren und fest-kleben. So entsteht eine ganze Schafherde, die Sie als Gemeinschaftsarbeit mit einem besonderen Platz in der Einrichtung würdigen können.

Auf einer Lichtung im Winterweihnachtswald
steht ein kleines Tannenbäumchen und wartet
auf Weihnachtsbesuch.
Viele Tiere haben bei ihm Unterschlupf gefunden ...

Und heute ist es endlich soweit ...

24

Zum Nachdenken, Sprechen und Erzählen ...

Um den Zauber der letzten Geschichte nicht zu zerstören, würde ich hier zum Abschluss Ruhe einkehren lassen. Es findet sich sicher ein kleiner Zuhörer, der an dieser Stelle die richtigen Worte – ganz ohne Anregung – findet ...

Zum Ausklingen-Lassen: Eine Weihnachtsfeier gestalten

Im Anschluss an diese Geschichte bietet es sich an, eine kleine Feier mit den Kindern zu gestalten bzw. die Geschichte vor der Bescherung in der Familie zu lesen. Gestalten Sie die Feier ganz nach Ihren Vorstellungen und den Wünschen der Kinder. Wichtig ist allein die Atmosphäre dieser gemeinsamen Feier: Sie sollte ruhig, aber auch geheimnisvoll und zauberhaft sein. Gedimmtes Licht, Kerzenschein und weihnachtliche Musik sind hier ein guter Anfang …

Viel Spaß!

Weihnachtszeit im Winterwald

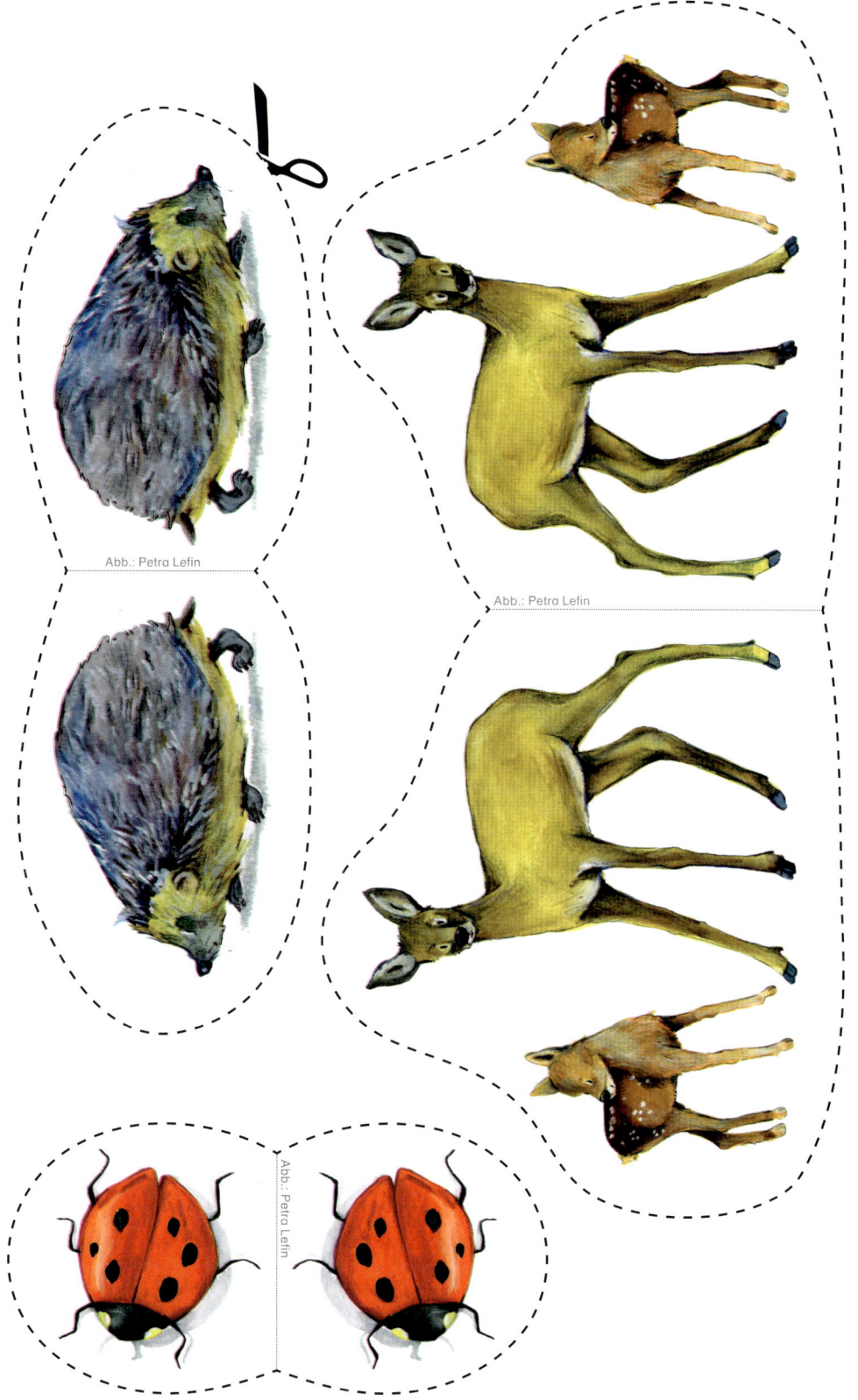

Abb.: Petra Lefin

Abb.: Petra Lefin

Abb.: Petra Lefin

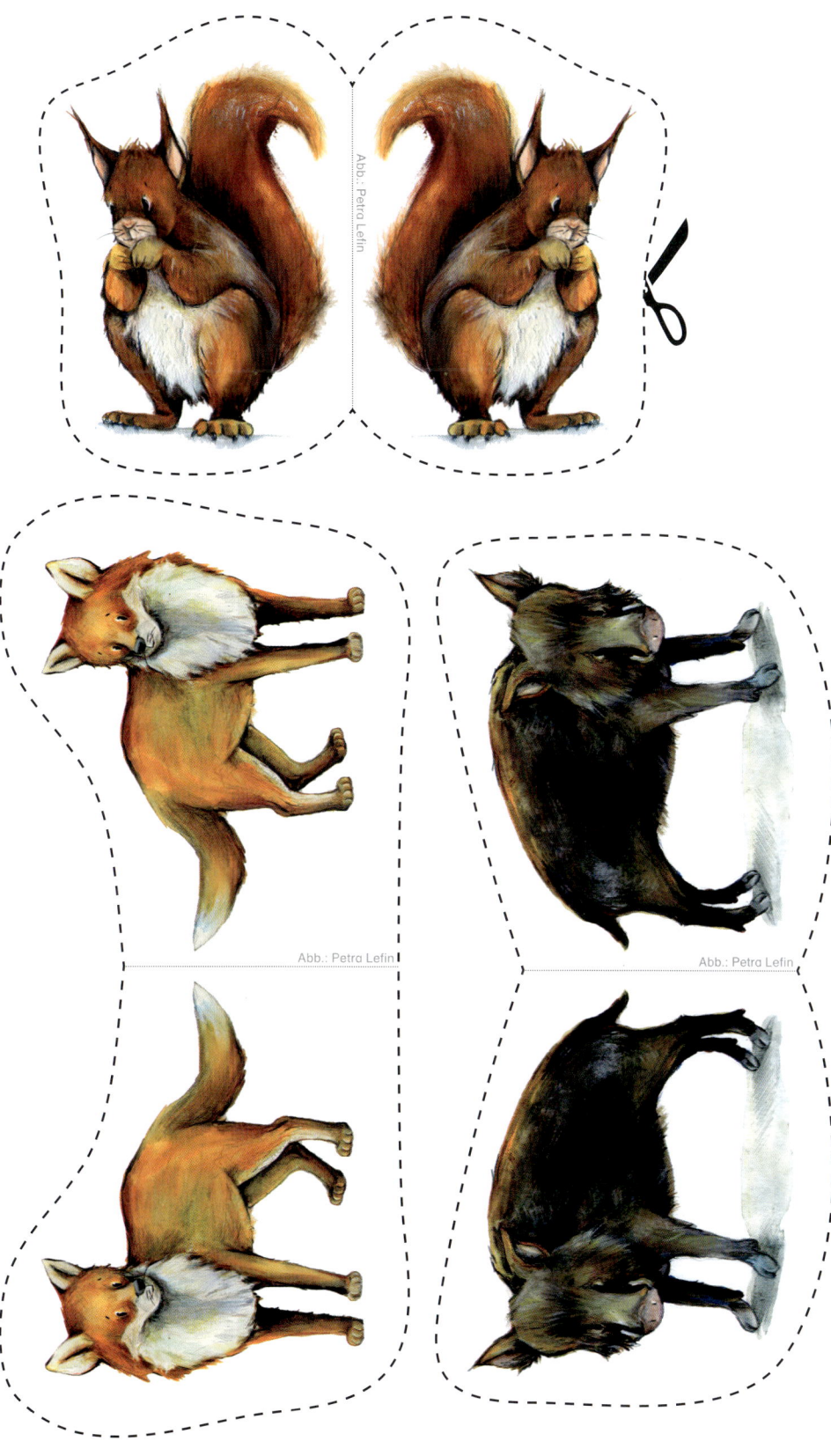

Abb.: Petra Lefin

Abb.: Petra Lefin

Abb.: Petra Lefin

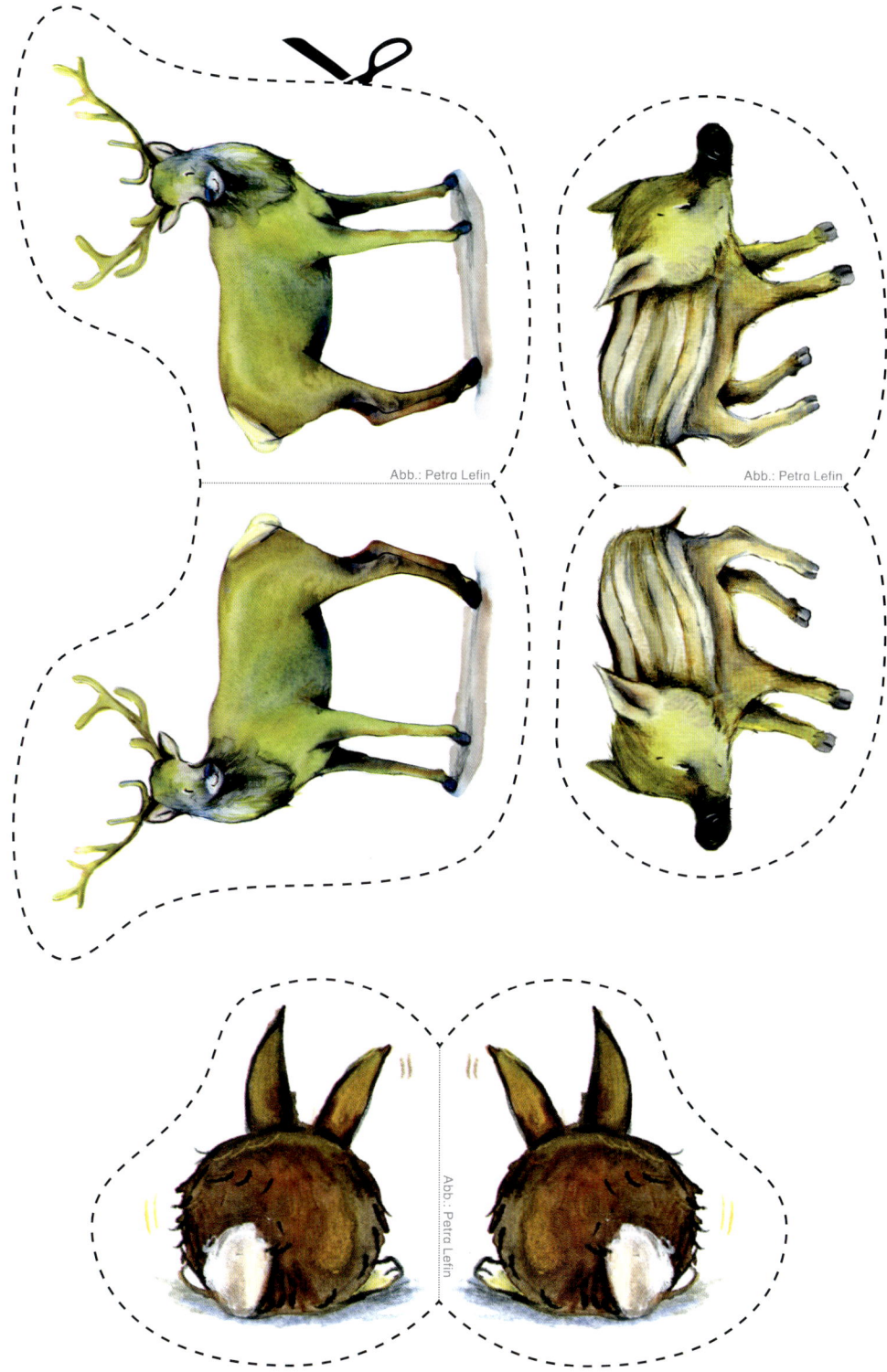

Abb.: Petra Lefin

Abb.: Petra Lefin

Abb.: Petra Lefin

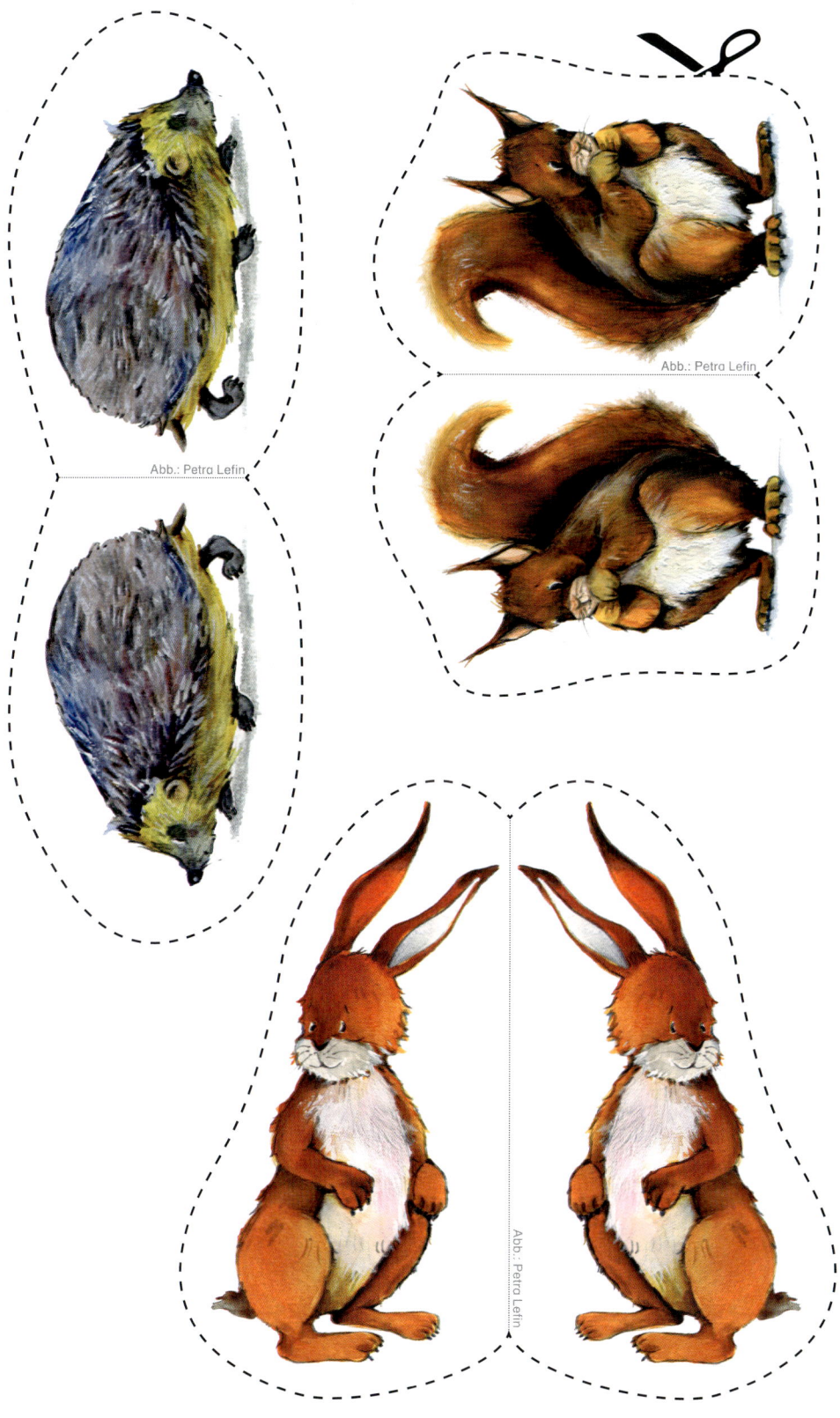

Abb.: Petra Lefin

Abb.: Petra Lefin

Abb.: Petra Lefin

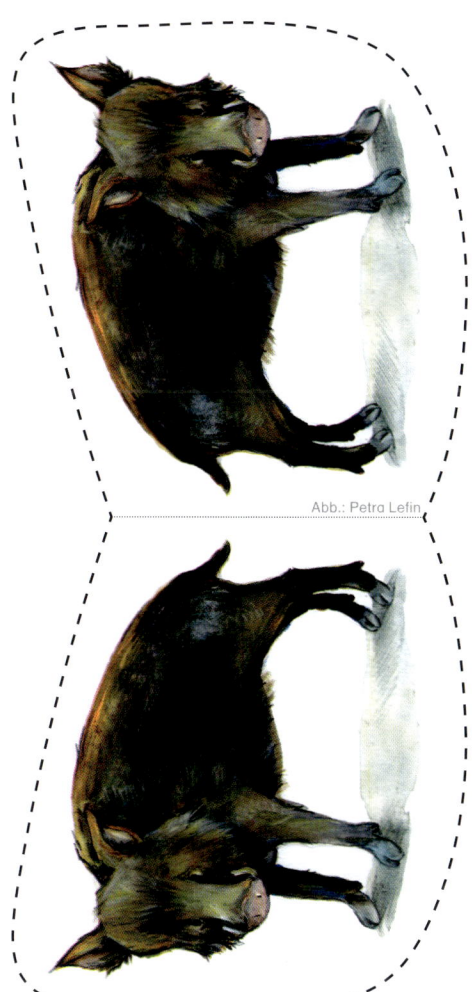

Abb.: Petra Lefin

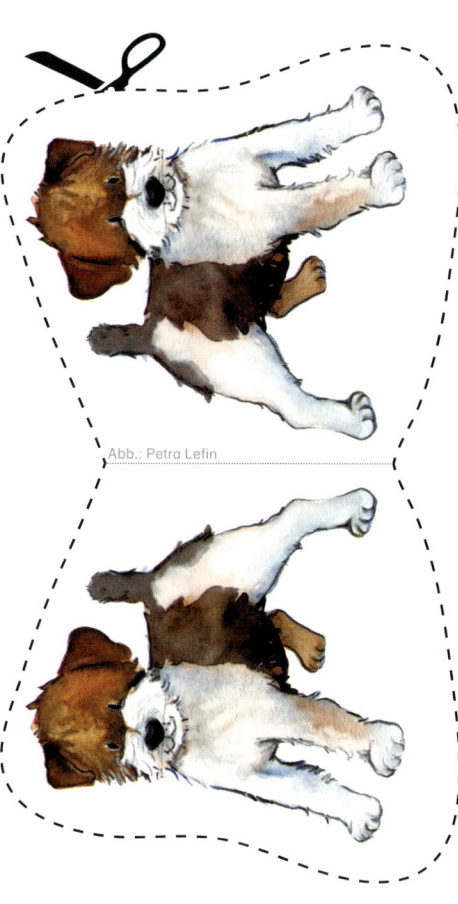

Abb.: Petra Lefin

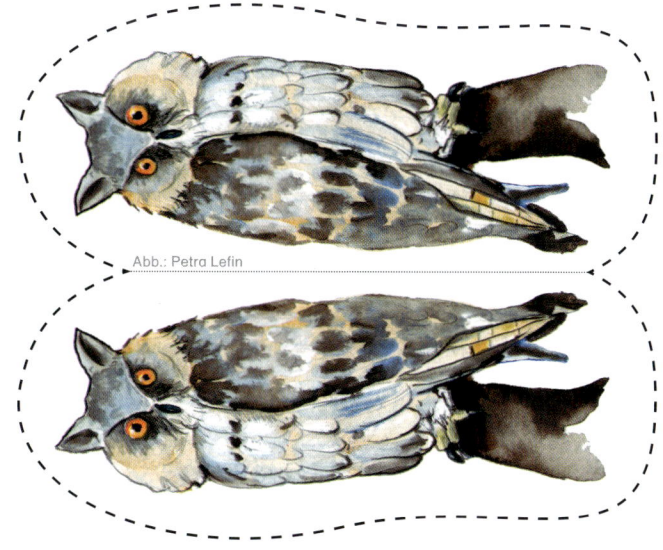

Abb.: Petra Lefin

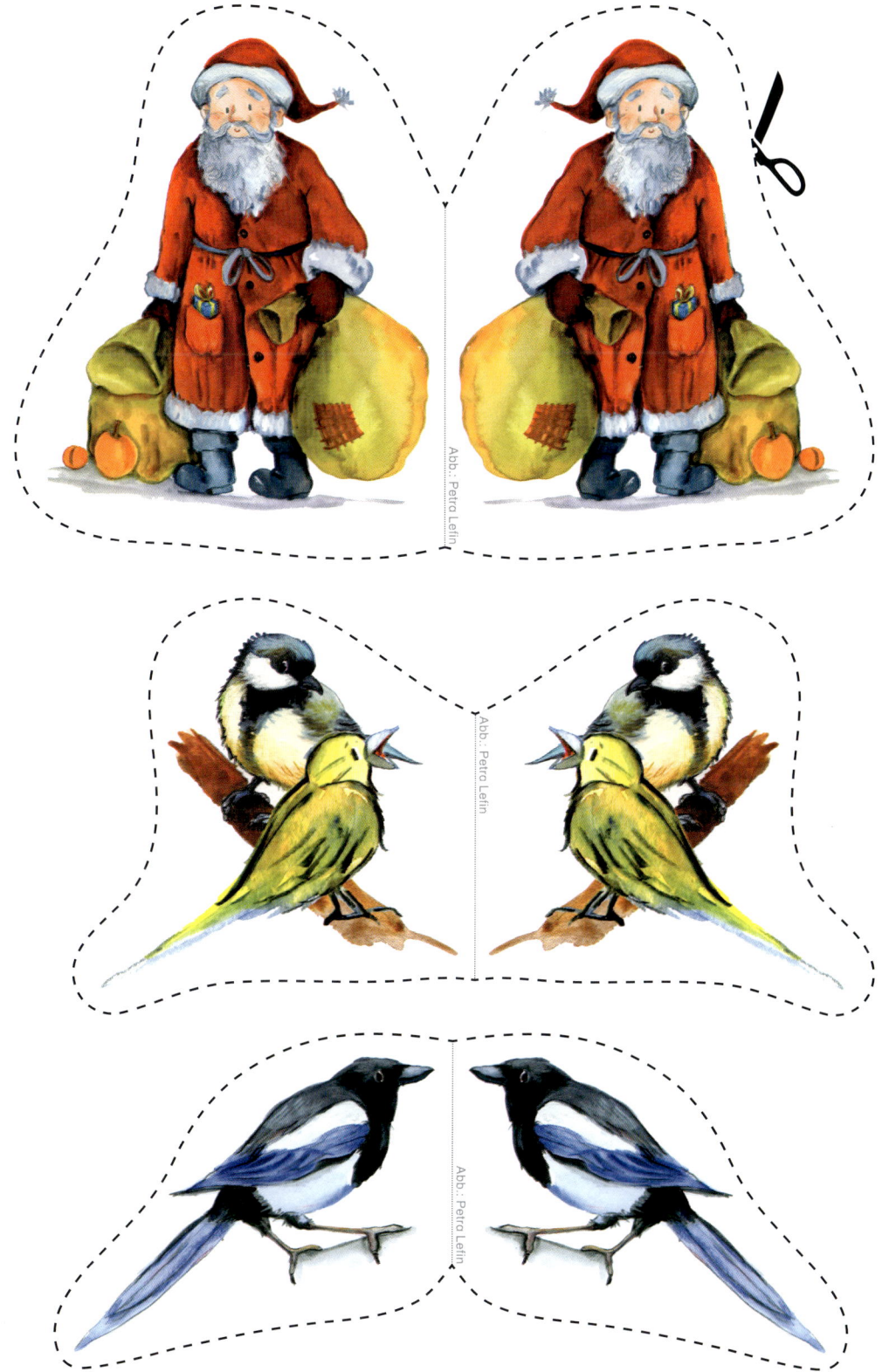

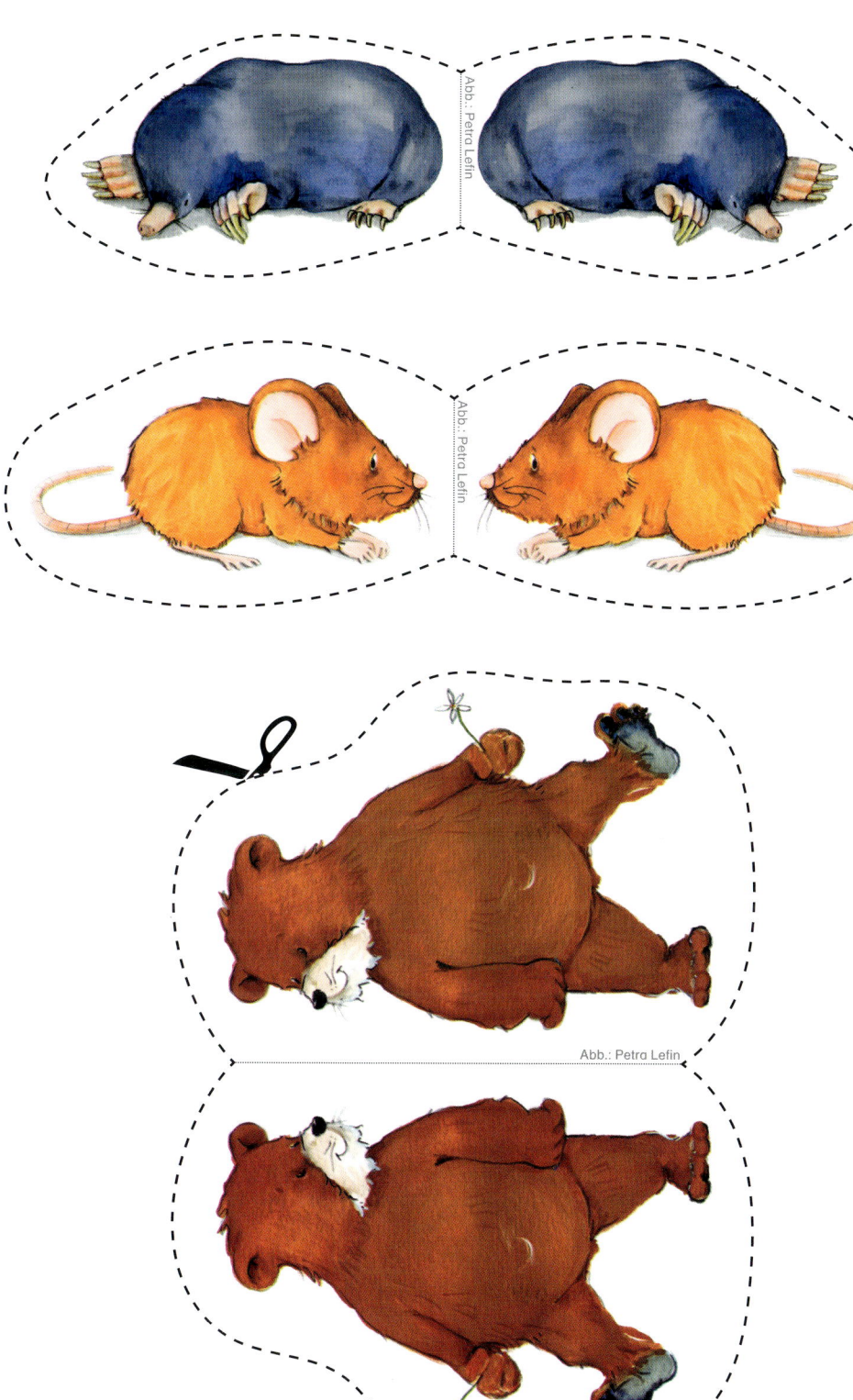

Abb.: Petra Lefin

Abb.: Petra Lefin

Abb.: Petra Lefin

Abb.: Petra Lefin

Literaturtipps

Becker, Kathrin:
Von kleinen Weihnachtswundern und großen Kinderträumen..
10 Klang- und Bewegungsgeschichten mit Bastel-, Back- und Spielangeboten. 3-6 Jahre. Verlag an der Ruhr, 2021. ISBN 978-3-8346-4790-0

Bucher, Peter:
Fridolins musikalischer Adventskalender. 24 Lieder, Geschichten und Fensterbilder zur Weihnachtszeit. Mit Audio-CD. Ab 4 Jahren. Schott, 2015. ISBN 979-0001158534

Gottschalk, Sabine:
Weihnachten auf der Bühne – Kleine Aufführungen für Kita-Kinder.
Theaterstücke, Rollenspiele und Mitmach-Aktionen. 3-6 Jahre. Verlag an der Ruhr, 2019. ISBN 978-3-8346-4207-3

Klassen, Lena:
Weihnachtszeit in Söderland.
Ein Folien-Adventskalender zum Vorlesen und Gestalten eines Fensterbildes. Ab 4 Jahren. Kaufmann, 2009. ISBN 978-3-7806-0853-6

Kurt Aline:
Jetzt beginnt die Lichterzeit ...
Kita-Ideen für Nikolaus, Advent und Weihnachten. 3-6 Jahre. Verlag an der Ruhr, 2016. ISBN 978-3-8346-3216-6

Stohner, Anu; Michl, Reinhard:
Neues von den Weihnachts- mäusen.
Eine Adventskalendergeschichte. Ab 6 Jahren. dtv, 2014. ISBN 978-3-423-62594-4

Weihnachtszeit im Winterwald